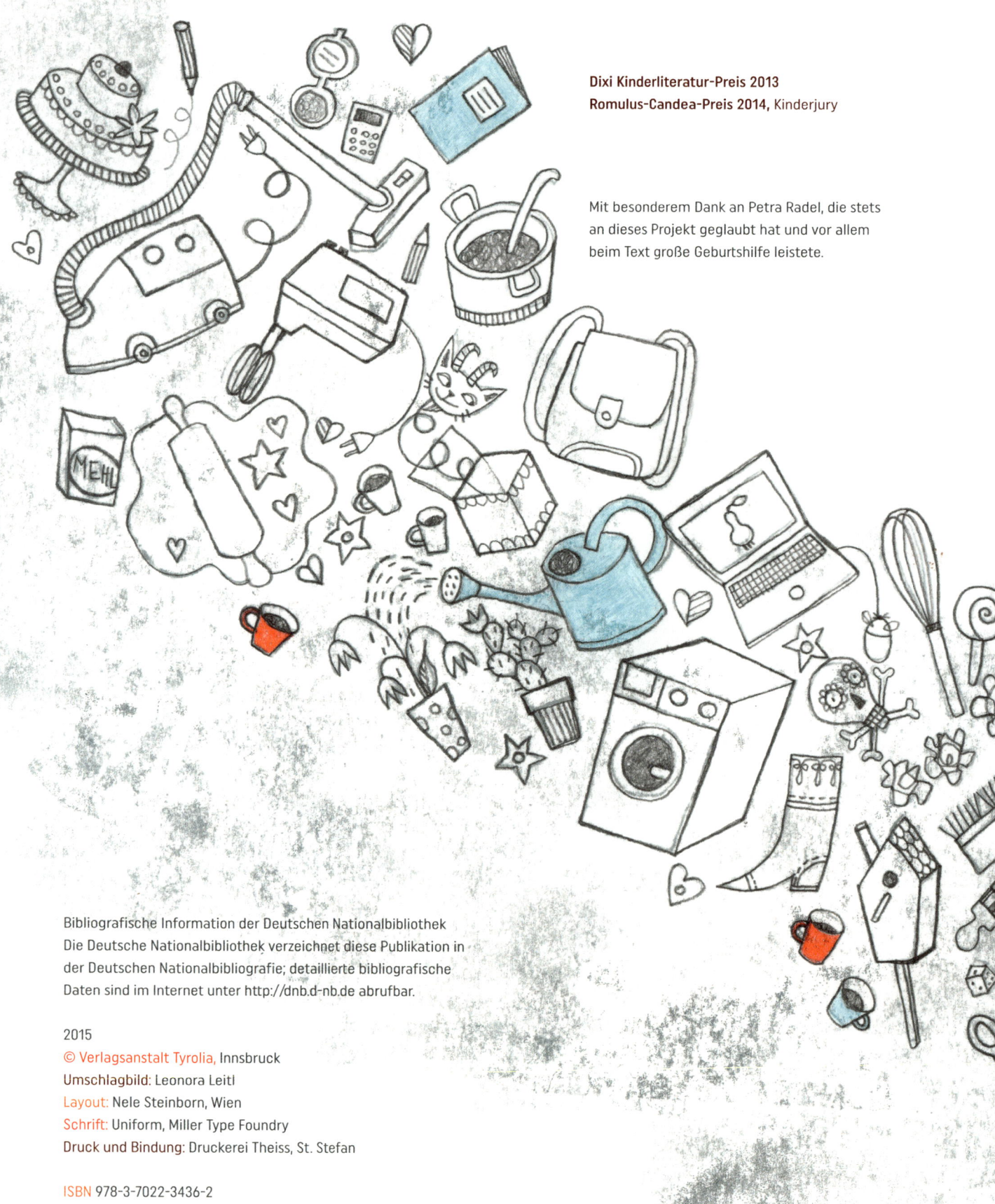

Dixi Kinderliteratur-Preis 2013
Romulus-Candea-Preis 2014, Kinderjury

Mit besonderem Dank an Petra Radel, die stets an dieses Projekt geglaubt hat und vor allem beim Text große Geburtshilfe leistete.

Bibliografische Information der Deutschen Nationalbibliothek
Die Deutsche Nationalbibliothek verzeichnet diese Publikation in der Deutschen Nationalbibliografie; detaillierte bibliografische Daten sind im Internet unter http://dnb.d-nb.de abrufbar.

2015
© Verlagsanstalt Tyrolia, Innsbruck
Umschlagbild: Leonora Leitl
Layout: Nele Steinborn, Wien
Schrift: Uniform, Miller Type Foundry
Druck und Bindung: Druckerei Theiss, St. Stefan

ISBN 978-3-7022-3436-2
E-Mail: buchverlag@tyrolia.at
Internet: www.tyrolia-verlag.at

Leonora Leitl

Mama & das schwarze Loch

Tyrolia-Verlag • Innsbruck–Wien

Das sind Adele, Lotti und Mizzi.

Adele ist die Mama von Lotti. Die beiden wohnen in einem gemütlichen kleinen Haus mit Garten. Mizzi ist Lottis Oma, sie kommt manchmal zu Besuch.

Von Lottis Papa gibt es nur ein Bild an der Wand, denn der hat sich schon vor Jahren mit einer Architektin aus dem Staub gemacht. „Dabei hat er die ganze Kohle mitgenommen", sagt Adele.

Nach dem Büro hört für sie die Arbeit aber nicht auf. „Der Haushalt macht sich leider nicht von allein", seufzt Adele oft.

Auch Lotti kann ihre Hausaufgaben manchmal nicht allein machen.

Am Abend ist Adele dann oft so müde, dass sie bereits eingeschlafen ist, bevor die Nachrichten im Fernsehen zu Ende sind.
So läuft es jeden Tag.

Eines Tages aber, als Lottis Mama wieder einmal mit einem ihrer Kunden telefoniert und gleichzeitig kocht, fängt ihre Frisur komisch zu rauchen an. Und plötzlich brennt Adele von oben bis unten ab. Wie ein Streichholz:

zisch!

Dann verschwindet Mama zu allem Überfluss auch noch in einem schwarzen Loch.

Lotti rennt und rüttelt Oma Mizzi, bis diese von ihrem Mittagsschlaf erwacht. Verwundert starren beide in das Loch.

Adele qualmt in ihrem dunklen Loch vor sich hin und schaut überhaupt nicht nach oben.

Da läuft Lotti schon und holt eine Gießkanne, ein Brand muss schließlich gelöscht werden. Doch der Löschversuch scheitert.

„Was können wir sonst tun?", fragt Lotti.

Oma hat doch für alles ein Hausmittel: Branntwein,
Brennspiritus und die brandneue Feuersalamander-Salbe.
Aber all das hilft auch nicht wirklich.

Lotti runzelt die Stirn und überlegt – und plötzlich hat sie eine Idee: „Wir holen den Feuerschlucker Fernando vom Zirkus Pyromani. Der kennt sich mit Bränden aus!"

Tatsächlich weiß Fernando sofort, was zu tun ist: „Stimmt, wir müssen sie wieder anzünden, nicht löschen!", meint er. „Denn jeder Mensch trägt ein Licht in sich – wie eine Glühbirne. Auch deine Mama, Lotti. Doch sie ist ausgebrannt."

Ganz so einfach wie bei Omas Stehlampe ist die Sache zwar nicht, aber Fernando will versuchen, Adele zu reparieren.

Fernando hat im Laufe seines Lebens so viel Feuer geschluckt, dass er locker welches ausspucken kann. Und das tut er auch, nachdem er zu Lottis Mama hinuntergeklettert ist.

Sein Plan klappt:
Adele macht die Augen auf, blickt nach oben und kann sogar schon wieder ein bisschen lächeln.

Damit Lottis Mama nicht noch einmal ausbrennt und im Loch verschwindet, lassen Fernando und seine Kollegen aus dem Zirkus einmal pro Woche die Nachmittagsvorstellung sausen. Dann besuchen sie Adele, Lotti und Oma Mizzi und packen zu, wo es gerade nötig ist. So kann sich Adele ab und zu ein bisschen entspannen.